¿Quién es el dueño del aire?

Suricatos

¿Quién es el dueño del aire?

© del texto: Pedro J. Serrano La Roda
© ilustraciones de: Mamen Marcén
© corrección del texto: Equipo BABIDI-BÚ

© de esta edición:
Editorial BABIDI-BÚ, 2025
Avda. San Francisco Javier, 9, 6ª, 23
Edificio Sevilla 2 - España
41018 - Sevilla
Tlfn: 912.665.684
info@babidibulibros.com
www.babidibulibros.com

Impreso en España
Primera edición: enero, 2025

ISBN: 979-13-87558-44-4
Depósito Legal: SE 2635-2024

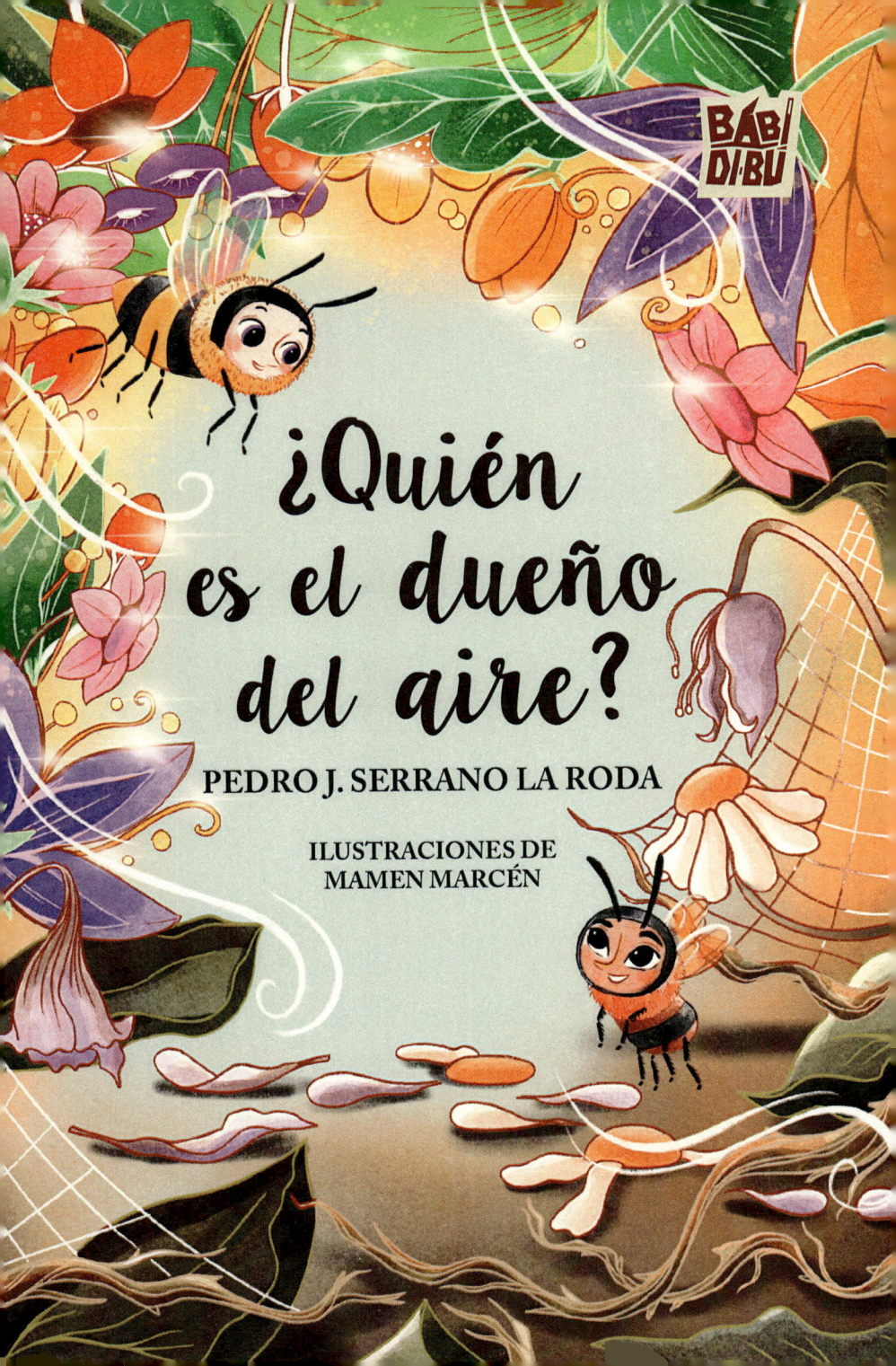

¿Quién es el dueño del aire?

PEDRO J. SERRANO LA RODA

ILUSTRACIONES DE
MAMEN MARCÉN

BABI DI-BU

A mi padre y a mi madre,
que se sintieron inmigrantes
sin salir nunca de España

ÍNDICE

1

LA CUNA

Quizás aquella abeja no lo sabía, pero llegó en primavera. Había nacido envuelta en suerte, como los chopos que nacen en la ribera del río y nunca les falta el agua.

Su cuna fue un regalo.

Un día como el de Reyes, el apicultor estampó la cera en las habitaciones de su colmena. Las abejas cereras la encontraron con la misma ilusión y alegría que los ojos de los niños al ver sus zapatos llenos. Pronto la moldearon con la exquisita y sencilla precisión de las manos artesanas. Lo hicieron aliviadas quizás porque aquella cera no había tenido que salir del sudor de sus entrañas. Fue trabajo regalado. Esfuerzo ahorrado.

Pronto pudo verse el fruto de aquel tumulto de patas y bocas: un panal sembrado de perfectas celdillas hexagonales de cera nueva. Justo en el centro, la abeja-mamá vino a poner por entonces un huevo muy especial del que surgiría una abejita distinta: JOHNA. Junto a ella, cientos de huevos llegaron también a sus cunas cuando el tiempo era más suave y la recolección más abundante.

—¿Por qué habría sentido en lo más profundo de su abdomen aquellos aleteos delicados de mariposas de colores justo cuando aquel huevo nacía? —se preguntaba la madre mientras lo miraba.

Aquella reina era muy fértil y disponía de cuantas celdillas deseara ocupar para la puesta. Así que, tras una pequeña pausa durante la cual se hizo un silencio hondo en toda la colmena, continuó poniendo huevos casi mecánicamente, como siempre lo había hecho. Fue dibujando un círculo en torno a la cuna de Johna hasta que las celdillas de aquel panal se fueron llenando de vida. Al tiempo, decenas de abejas nodrizas esperaban ansiosas dedicarse a la cría de las pequeñas.

—Tal vez aquel huevo nació cuando mejor se nace —seguía pensando mamá-abeja—. ¿O quizás sea mejor llegar con la nieve de invierno, caer en otoño, como las hojas, o venir como un rayo del sol de verano...?

Mamá-reina dudaba. No encontraba razón para aquel sentimiento especial.

A los tres días, Johna era ya un gusano blanco que las nodrizas fueron alimentando, sin que ella lo pidiera, con los mejores manjares. Justo lo que necesitaba para desarrollarse plenamente.

O tal vez no….

Nadando en medio de tanta abundancia, creció ociosa hasta ocupar toda su celdilla. Casi ya no cabía en ella cuando, un día, su pequeña cuna apareció cubierta por un fino velo que le dio calor. Lo habían hilado sus hermanas para que antes de que el frío apenas la rozara, ya estuviese tapada. Pero Johna no conocía el frío. Solo conocía la luz y sintió que aquel velo molesto se la oscurecía.

Pocos días después, estando así, tan calentita, tejió a su alrededor un fino capullo y se transformó en una muy delicada ninfa. Una crisálida que pronto fue un perfecto insecto capaz, por sí mismo, de quitar el velo que recubría su cuna y... ¡volver a nacer envuelta en abundancia!

Miles de abejas saludaron alegres su llegada. Johna abrió los ojos ampliamente y percibió que tal copiosidad volvía a robarle

luz y aire. Con ella nació también una nueva sensación que no existía hasta entonces en la colmena. Nació un sentimiento distinto al del resto de sus hermanas. Y todo ello a pesar de que eran hijas de la misma reina, habían nacido en idéntica casa y se alimentaban con la misma miel y el mismo polen.

Otras abejitas nacieron felices segundos después con el presentimiento de que en aquel mundo amarillo brillante nada les faltaría. O tal vez sí…

2

LA OTRA CUNA

Adebe aún no lo sabía, pero había nacido bañada en colores grises, marrones y negros, como planta silvestre que brota en el amplio desierto. La invernada era dura, y la madre-abeja era consciente de que apenas podía poner huevos. El número de obreras era reducido, el alimento, escaso, y las reservas, mínimas. Nadie en la colmena lo esperaba, pero aquella mañana de lluvia fina, un huevo distinto llegó por sorpresa.

Adebe no nació cuando mejor se nace. O tal vez sí…

En aquella colmena, todas preferían nacer con el tibio sol de primavera.

—¿Qué misterio vendría encerrado en aquel huevo atrevido? —se preguntaban las abejas con ojos de extrañeza.

Pronto fue gusano blanco en una celdilla que las limpiadoras habían vaciado de moho gris instantes antes de su nacimiento. La cera con la que moldearon su cuna no fue regalo de apicultor; había brotado del sudor de las viejas abejas cereras y era ahora la cunita de miel de aquella larva ya hambrienta hasta de agua y sedienta hasta de polen.

Todas se preguntaban en la colmena si sería capaz de sobrevivir al frío del invierno y la escasez de alimento.

Empeñadas en verla volar, tejieron una sábana de cera para su ninfa, ¡que aunque pobre, no le faltase el calor!

Y estando allí, tan calentita, fue creciendo y aprendiendo a vivir casi sin nada, como el cactus que sobrevive en tierra seca.

Y un día, en medio de los ojos atónitos de sus hermanas, rompió la fina cera que cubría su cuna y amaneció a un mundo nuevo sin polen, sin miel y sin néctar, pero con mucha luz y aire fresco.

3
ECO, ECO, ECO...

*C*uando Johna nació, lo primero que percibió fue un fuerte olor a cera y a miel, impregnado de un redondo ronroneo bañado en amarillo-marrón. Varias compañeras saludaron con júbilo su llegada:

—Debes saber que has nacido en una colmena moderna, lujosa y rica. ¡Lo último en colmenas!

—Debes aprender desde pequeña a distinguirte de las abejas de otras colonias.

—Nosotras somos la élite.

Johna no entendía muy bien lo que querían decirle aquellas abejas que hablaban como robotizadas, como si pronunciaran un discurso aprendido que repetían a todas cuantas nacían. Después la llevaron ante su reina.

—Nuestra mamá sigue poniendo huevos. Es lo único que hace y para lo único que sirve.

«Pues… ¡vaya aburrimiento!, ¡todo el día poniendo huevos! Menos mal que yo no soy reina», se atrevió a pensar Johna.

Como todas las reinas, iba acompañada de un séquito de abejas que se preocupaba de satisfacerla en todo aquello que necesitaba. Incluso le daban de comer y de beber de boca a boca. Tenía ropajes lujosos, coronas, joyas y brillos. Era más grande que las demás abejas y... ¡los anillos de su abdomen relucían, centelleaban intensamente!

A los ojos recién abiertos de Johna, les deslumbró aquel brillo natural. Y durante unos momentos, algo cegada por los destellos, se sintió molesta al no poder ver la luz que se colaba a saludarla por la entrada de la colmena. Era la época de la recolección. La reina era joven y había espacio en la colmena. Se daban las mejores circunstancias para que pudiera poner cientos y cientos de huevos diarios. Quizás su mamá ya no la distinguiera entre tantas iguales.

O tal vez sí…

Parecían todas hipnotizadas viendo a su soberana. Quizás los ojos de muchas de las que allí trabajaban les indicaron que no podían seguir allí paradas, así que continuaron enseñando a Johna su colmena. Recorrieron grandes almacenes de polen y de miel y volaron silenciosas entre panales llenos de cunitas como la suya.

—Como ves, todos los rincones de la colmena están bien sellados con resinas de los árboles para que los extranjeros no puedan entrar.

—¡Es nuestro palacio y solo nuestro! ¡No queremos que viva entre nosotros quien no sea de nuestra élite!

Aquellas palabras resonaron como dichas con un gran megáfono. Las habían pronunciado todas las abejas a la vez y habían hecho vibrar la cera que sellaban muchas de las celdillas. Aquella vibración se había transmitido por toda la colmena provocando un eco que quedó grabado para siempre en el cerebro de la pequeña.

«¡EXTRANJEROS… EROS. EROS… NO, NO, NO, PALACIO, ACIO, ACIO… NUESTRO, ESTRO, ESTRO… ÉLITE, ÉLITE, ÉLITE…!».

Las recién nacidas que junto a ella escuchaban, asimilaron pronto cuanto habían oído y lo hicieron suyo. En cambio, Johna dudó. No asintió con cabeza gacha. Aquel eco misterioso la animó a dudar.

4
MOHO GRIS

El primer olor que percibió Adebe fue el del moho gris. No tuvo nodrizas que la acompañaran; ella sola recorrió poco a poco el hueco tronco de árbol viejo donde vivía. Descubrió por sí misma que la humedad y la escasez de alimento reinaban entre las abejas que allí trabajaban. Y, por un pequeño agujerillo, conoció también a su reina, que también reinaba, que también tenía séquito y que también brillaba. Aquella reina apenas ponía huevos. Solo comía y bebía lo que sus súbditas le daban, también de boca a boca. ¡Que a su reina no le faltara el lujo y la comida! ¡Primero la boca de su reina y después la propia! ¡Que, aunque pobres, no les faltase reina!

—Hay mucho trabajo por hacer, y ¡es cosa de todas! —gritaron con la mirada varias abejas limpiadoras que llevaban en sus bocas trozos de panal enmohecido para sacarlo de su colmena.

Adebe las comprendió sin que nadie hablara. Aquella mirada llevaba dentro las palabras justas. El caso fue que Adebe cortó con su boca un trozo de panal blanquinegro y lo llevó fuera. Fue su primer trabajo. Fue también la primera vez que vio la luz del día.

Era un día gris. Sin sol. Asomada al oscuro amanecer, Adebe pensaba en qué magia misteriosa haría a aquellas abejas del séquito vivir solo para cuidar a su reina, sin apa-

rente beneficio propio. Como no encontró respuesta, volvió a entrar en la colmena. Aquel olor a humedad, aquellas miradas de sus hermanas y aquella oscuridad, la condujeron de nuevo a arrancar con sus mandíbulas otro trozo de panal viejo más pesado quizás que todo su cuerpo. Lo arrastró con rabia hasta la puerta y lo empujó fuera con todas sus fuerzas como queriendo sacar de casa toda aquella oscuridad.

Pero al volver, el olor a moho gris seguía allí y los colores grises, marrones y negros no se habían marchado.

5

¡ALERTA! ¡EXTRANJERO!

La primera vez que Johna asomó su cabecita fuera de la colmena, vio con sus tres ojos pequeños varios zánganos orondos y peludos tumbados, recibiendo los primeros rayos del sol de primavera; percibió también varias abejas que llegaban con bolas de polen metidas en los cestillos de sus patas traseras y que caían de golpe en la piquera, la entrada de su colonia, por no poder con la carga. Y con sus dos ojos grandes vio el Sol y el cielo azul.

Durante su primer vuelo de orientación, describió un círculo alrededor de la colmena. No se alejó mucho por miedo a perderse. Estaba aprendiendo a reconocer su casa. Había varias colmenas en aquellos campos. Parecían todas idénticas. Johna voló entre ellas y aprendió que nunca confundiría su colonia con ninguna otra: era de la misma forma y tamaño que las demás, pero olía de manera diferente y desprendía un murmullo distinto al de las otras.

—Si todas las abejas eran iguales y estaban en idénticos campos, con las mismas flores, ¿por qué serían diferentes el olor y el murmullo de sus hogares? —llegó a preguntarse la pequeña.

Pensando en estas cosas se le pasó el tiempo y, cansada, volvió a la piquera donde aterrizó torpemente, rozando la antena de un zángano dormilón.

—¡Alerta! ¡Extranjero! —gritó el insecto peludo batiendo sus alas.

Todos los zánganos despertaron y envolvieron con sus ojos feroces a Johna. La pequeña temblaba como un recién nacido sorprendido por el frío. Debió de ser el olor que desprendía lo que les hizo caer en la cuenta de que aquella abejita joven era de su colmena. Así que los ojos de los zánganos volvieron a cerrarse para dormir.

Johna respiró aliviada por no ser extranjera, y a la vez empezó a nacer en ella la idea de serlo. Después, vio restos de polen que acababan de caerse de los cestillos repletos de sus compañeras, tal era la abundancia. Miró despacio y olió profundamente. La sensación que surgió se derramó sobre ella como lluvia fina y tanto la caló que ya vivió pensando en salir, con el sol, a recoger el néctar y el polen de las flores.

Johna iba a ser «pecoreadora». ¡Lo tenía decidido!

6

COMO RAYO DE SOL QUE SE CUELA
ENTRE UN MAR DE NUBES

Adebe fue limpiadora desde que nació. La necesidad le obligó a serlo. No pudo elegir.

Cientos de abejas se agolpaban unas contra otras en su colmena tratando de limpiar con sus bocas, con sus alas y con sus patas el moho y la humedad que inundaba su casa. Adebe no tuvo primer vuelo de orientación. Nació pegada al trabajo, y su casa no era la más grande, ni la más limpia, ni despedía un buen olor. La pequeña también distinguía ya su colmena por un murmullo especial: el rumor del trabajo, el susurro continuo del hambre, el murmullo de la escasez... Si su reina no tenía alimento, no pondría huevos y la vida se iría apagando en aquella colmena. Por ello, muchas abejas morían de hambre mientras daban de comer a su reina con su propia boca. Adebe escuchó por primera vez a una abeja que, antes de morir, le dijo:

—En una colmena, sin reina no hay vida. Por ello, todas debemos ocuparnos de que no le falte el alimento. Si yo muero, la vida en la colmena sigue. Si muere la reina, la vida de toda la colonia se irá apagando hasta desaparecer. Así pues, el alimento que llevo en mi boca y que podría salvarme, lo dejo en la boca de la reina para salvaros a todas.

En la cabecita de Adebe no cabía tanta generosidad.

—Pero un poco de ese alimento puede salvarte. ¡Cómelo y yo traeré más comida para la reina! —gritó la pequeña con todas las fuerzas de que fue capaz.

Aquella tarde, la vieja obrera abrió por última vez su boca para dar de comer a su reina. Después la cerró para siempre. Adebe la vio entornar sus ojos poco a poco y aprendió muy pronto el significado de la pobreza, de la escasez. Y maldijo a la reina que le había dado la vida. Gritó y se retorció por dentro por aquella muerte que la llenó de una energía y un espíritu luchador que jamás la abandonaría.

Después volvió sus ojos hacia la entrada de su colonia. Apenas aterrizaban abejas con polen. Las que lo hacían emitían con sus alas señales de cansancio; ninguna traía mensajes nuevos de abundancia. Y no había restos de polen que cayeran de cestillos repletos, ni antenas de zángano orondo sobre las que posarse torpemente… Pero, como rayo de sol que se cuela entre un mar de nubes, llegó el día en que una abeja mensajera despertó a la colmena con noticias nuevas y palabras que remueven por dentro:

—Existe un lugar, tras las montañas, donde los campos son alfombras multicolores de flores tiernas —les dijo bailando con sus patas y moviendo las alas de una forma nueva.

Todas siguieron trabajando y escuchando a la vez.

—Miles de abejas liban hasta emborracharse del néctar que a nosotras nos falta y se rebozan de amarillo, hasta brillar, en el polen que tanto ansiamos —continuaba anunciándoles con un baile enérgico y convincente.

—¡Aquel mundo tras las montañas es también nuestro mundo! ¡Aquellas flores son también nuestras flores! ¡Salgamos a buscarlas!

Algunas hacían ademán de detenerse para terminar de escuchar aquel mensaje que les estaba calando, pero eran empujadas por una muchedumbre que las obligaba a seguir.

—¡Dejemos esta tierra oscura que nos niega lo necesario para vivir y volemos en busca de aquella que es del color del arco iris! —terminó gritando con su baile enérgico.

Las palabras de aquella mensajera eran como gotas grandes que anuncian aguacero y fueron cayendo sobre Adebe con tal intensidad que ya vivió, empapada de ellas, pensando en salir, con el sol, a explorar aquel mundo nuevo. Adebe quiso ser exploradora.

7
LA UTOPÍA Y EL VIENTO

Ya a Johna le llegó el día de conocer mundo. Con los ojos muy abiertos y las alas ágiles, voló. Siguió el camino que le marcaban sus amigas pecoreadoras, sintiendo el aire fresco por fuera y la ilusión nueva por dentro. No fue preciso cansarse, ni buscar. Tampoco hubo largo baile de abejas para indicar dónde dirigirse. Fue salir y llegar. Ya estaba Johna en la hoja de un tulipán. Desde allí aprendió en silencio. Vio cómo su compañera se colaba por el agujero que había dibujado un abejorro en el pétalo de aquella flor. Y descubrió el néctar que rezumaba entre la corola y el cáliz. Las dos sacaron su trompa y sorbieron hasta saciarse. Un jugo fresco y dulce las reconfortó. Después siguieron volando. Aquel viaje fue más largo. Con el buche lleno, costaba más mover las alas. Pero la ilusión las empujaba con fuerza y llegaron hasta la montaña. Un tilo frondoso fue su destino. Allí, las alas descansaron y los ojos disfrutaron con los colores de esparcetas, lavandas, tréboles blancos y petunias, jacintos y tulipanes... Y justo al lado, huertos cuadrados de naranjos y limoneros, manzanos, almendros y ciruelos abrigados por la montaña. Y ya en ella, presidiéndolo todo, imponentes encinas, robles y abedules, retamas, brezos y tilos.

—¡Estos son nuestros campos! —le dijeron muchas de sus compañeras que habían llegado entonces al tilo—. ¡Nuestras flores, nuestros árboles! ¡NUESTRO TERRITORIO!

—¿Y quién de vosotras se dedica a sembrar tantas flores, tantos árboles...? —preguntó Johna.

—Nacen solas. El buen tiempo, la lluvia y el sol se encargan de todo.

—Pero... si no las habéis plantado vosotras... ¿por qué son nuestras? —se atrevió a volver a preguntar.

—Porque están en nuestro territorio, han nacido con nosotras. Nos alimentan desde siempre. Con su néctar hacemos la miel más rica y admirada de todo el valle.

—¡Debes aprender a defender el territorio de extranjeros! Es nuestro por haber nacido aquí. Siempre ha sido así —le gritaron varias abejas a la vez.

Johna calló por fuera, pero por dentro también gritó:

—¡Los campos, las montañas, las flores, los árboles... son más bellos si no son de nadie y, por tanto, son de todos! ¡El campo es más ancho si no tiene dueño, porque es tuyo, mío, nuestro...!

El pensamiento de la abejita empezaba a enredarse por entre las ramas del tilo. Subió y subió buscando ser acogido, pero solo lo oyó el viento, que sopló en medio del silencio, enamorado de aquella utopía que volaba abrazada a él por todo el valle.

Y después voló sola, de forma mágica y silenciosa entre flores de azahar. Su polen se fue pegando a los pelillos de su cuerpo y, casi sin quererlo, durante aquel viaje, fue regando de granitos los pistilos de muchas de aquellas florecillas blancas, ayudándolas así a producir nuevos frutos y semillas. Sin darse apenas cuenta, había hecho posible el maravilloso milagro de la polinización, contribuyendo a mantener

en equilibrio aquel ecosistema. Fue así como Johna hizo magia por primera vez en aquel campo de naranjos, igual que lo hacían sus hermanas.

8
LA ENJAMBRAZÓN

*C*ada día, nuevas mensajeras llegaban con noticias y bailes cada vez más conmovedores.

—Abrid vuestros ojos —decía su danza.

—Rompamos cadenas —transmitían sus ritmos.

—¡Volemos juntas!

—Vale la pena buscar el futuro. Está allí, tras las montañas —decían moviendo sus alas.

—El gris se torna en arco iris; la pobreza en abundancia.

—Llenaríamos nuestras colmenas con el polen que allí les sobra. Con él vivirían nuestros hijos, no morirían nuestras madres.

Aquellas abejas venían con luz. La luz de un mundo en el que sobraba tanto como en aquel faltaba. Algunas pecoreadoras viejas lloraban por no tener la fuerza necesaria en sus alas para emprender un camino tan largo. Sus lágrimas animaban a las más jóvenes.

—¿Qué podemos perder por el camino si todo aquí está ya perdido? —acabó diciendo aquella danza nueva.

Y, como fuego en campo seco, en la colmena de Adebe fue prendiendo la idea de dejarlo todo y volar. Después de construir celdillas realeras donde nacieran reinas nuevas y de llenar su buche con las pocas provisiones de miel que quedaban, Adebe y algunos cientos de abejas más salieron en procesión, junto a su reina, con los ojos empapados en tristeza y el corazón chorreando esperanza.

—Es muy triste dejar atrás la casa donde nacimos, las abejas que conocemos, el aire que siempre respiramos —decía una abejita con sus ojos húmedos.

Pero ninguna miraba hacia atrás. La fuerza intensa de su juventud las empujaba. Una misma idea, un mismo grito:

—El futuro, la nueva vida, la ilusión...

—Pronto volveremos y todas volaremos juntas.

Y fue así como Adebe y sus hermanas emprendieron un viaje peligroso, largo, desconocido, pero repleto de ilusión y esperanza. Varios miles quedaron allí, esperando a que su nueva reina las llevara también algún día a volar hacia la luz.

9

PESO AMARILLO

De vuelta a casa, Johna voló con sus compañeras hasta unas retamas. Allí, el polen abundaba de tal manera que sus cuerpos se pintaron de amarillo con solo posarse en una de sus ramas. Johna trató de limpiarse aquel polvo de oro que convertía en un solo color aquel arco iris que había visto desde el tilo. Pero cuanto más se movía, más se pegaban a los pelillos de su cuerpo los granos de polen. En segundos quedó tan revestida de él que no pudo emprender el vuelo, tal era su carga.

—¡Socorro, el peso del polen no me deja volar! ¡Que alguien me limpie! —imploraba nerviosa.

Pero sus compañeras se habían marchado todas, acostumbrados ya sus cuerpos a volar con aquella pesadez deslumbrante. Johna optó por quedarse inmóvil unos segundos, justo el tiempo necesario para pensar que la abundancia y la riqueza estaban atando sus alas, deteniendo su vuelo. No podía seguir allí parada, pero cuanto más se movía, más se envolvía de aquel polvo de oro. Incluso sus dos antenas eran ya del color del sol... Respiraba aire limón. Su mirada se tiñó de amarillo y toda ella fue polen por dentro y por fuera durante unos segundos angustiosos. Tuvo que ser el aire fresco, que dejó sola un momento a la utopía, quien vino a aliviarla de aquella copiosidad. Y, con su brisa mágica, borró el color áureo intenso que recubría el cuerpecillo débil de la pequeña.

Y así, con sus nuevas alas transparentes y sus cestillos vacíos, emprendió sola el camino de vuelta hasta su colmena. Respiró profundo el aire mientras volaba junto a una intensa sensación de libertad que acababa de recuperar.

No fue bien acogida su llegada sin polen. La recibieron bailes con sones de reproche a la entrada de la colmena:

—Las abejas pecoreadoras siempre han de volver con sus cestillos llenos. No se puede llegar a casa de vacío. ¡No eres bien recibida! —intuyó que le decían.

Solo su olor a compatriota le permitió entrar de nuevo en una casa ya distinta para ella a aquella de la que voló por primera vez.

10
EL OVILLO

Adebe y sus compañeras entendieron que estaban condenadas a morir si se quedaban allí. Y, como obedeciendo a un signo de reunión de la tarde y el sol, salieron en procesión como perseguidas por la perdición y se agruparon bajo una rama, en torno a su reina. Enganchadas con las patas, unidas por una misma idea y abrazadas por idéntica esperanza, formaron un ovillo marrón, negro y amarillo. Unas con otras entrelazaban sus antenas, patas, ojos, anillos, abdomen... Todas eran una. El sonido que cada una emitía formaba un ronroneo único, profundo, hondo y grave. Y aquel hervidero voló, surcó el cielo, navegó...

Entre todas consiguieron el calor de su colmena estando ya tan lejos de ella. Que a su reina y a las más fuertes no les faltase la energía necesaria para volar mañana, aunque muchas de ellas tuvieran que ser corteza de árbol durante aquella noche helada, larga y negra. Entre todas crearon un calor sin sol. El que nace de los cuerpos abrazados. Adebe sintió cómo era el ardor que producen muchas manos apretadas con fuerza. El fuego y la ilusión que da la unión. Y un pensamiento mutuo las recorrió a todas:

—Nunca antes, en nuestra casa, nos habíamos sentido tan al lado unas de otras.

—Juntas somos muy fuertes y podemos conseguirlo todo.

—Llegaremos a nuestra meta —se decían unas a otras apretando sus patas como lazos.

Cuando amaneció y el sol empezó a traer calor exterior, Adebe vio que muchas de sus compañeras seguían agarradas por las patas al ovillo, colgando ya sus cabezas, como queriendo aferrarse a la vida que el hielo de la noche les había quitado. Jamás olvidó la sensación de verlas desprenderse suavemente y caer a la hierba verde escarchada. Eran como lágrimas de ojos tristes que caían para que aquel ovillo de esperanza pudiera seguir volando hacia su meta. Gracias a ellas, la reina y las más fuertes descansaron calentitas y con fuerzas renovadas para continuar su viaje.

11

BUSCANDO AIRE

Pasaron los días y la colmena de Johna, aunque amplia y moderna, era cada vez más estrecha debido al aumento de la miel producida, al polen almacenado y a la puesta incesante de huevos por parte de la reina. Como si la riqueza y la opulencia también crearan inconvenientes.

—Todo lo que necesitamos para vivir abunda tanto en esta casa, que apenas queda sitio para habitar en ella —comentaba Johna a una abejita joven, casi de su edad—. Podríamos buscar otra casa más ancha y con más aire que respirar.

Johna necesitaba aire nuevo. Pero... ¿quién cambia la abundancia por aire? Convencida de su sentimiento, fue repitiendo su mensaje por donde pasaba. De nuevo encontró miradas de reproche, ojos ausentes e indiferencia.

Solo la escuchaban las más jóvenes, alguna abeja soñadora y las rechazadas, las expulsadas, las que sobran...

Juntas fueron fabricando una idea que las unía a todas; fueron creando un cordón común y su autoestima se multiplicó.

Las rechazadas encontraron abejas que las acogían; las más jóvenes se sintieron maduras; las soñadoras encontraron su sueño y las que sobraban en aquella colmena, de pronto se sintieron necesarias, importantes.

—¡Busquemos juntas aire y libertad!

Y decidieron salir, volar, buscar una casa más sencilla, una vida diferente... Con ellas salió también la reina, atrapada quizás por aquel hilo de unión.

—Yo también necesito salir, buscar celdas nuevas para mis crías, respirar un aire nuevo...

De repente, en la colmena, las abejas importantes, sin reina, se sintieron inútiles; las que mandaban, sin nadie a quien dar órdenes; las ricas, empobrecieron de pronto. Un silencio profundo se desplomó unos segundos sobre aquella familia.

Y como las abejas sin reina son como bebés sin mamá o como campo sin sol, en la colmena rica nacieron pronto reinas nuevas.

La primera que nació corrió como una loca a tratar de que las otras reinas no vieran la luz. Utilizó su estilete real para matar a sus iguales, como si en su cuna, las abejas, además de darle alimento de reina, hubieran alimentado también su cerebro con ideas de mandar o morir.

Y fue nacer, matar y reinar.

12

EL MAR

Guiado quizás por el Sol, o por la brisa fresca de la mañana, el enjambre de Adebe subía hasta la cima de aquellas montañas que eran su alambrada de espinos, su guardia de fronteras, su mar...

Montañas interminables, eternas, bañadas de sol de fuego. Alas quemadas, bocas sedientas, cuerpecillos extenuados por el esfuerzo...

Y mientras, volar, volar sin mirar atrás. Volar siempre hacia arriba, sin pausa.

—Un poco más de esfuerzo. El futuro nos espera tras estas montañas.

—¡No puedo más! Hagamos un alto en el camino. Mis alas no aguantan este sol abrasador.

—No podemos parar. Si lo hacemos, no sobreviviremos a la noche helada que nos espera en lo alto de la montaña.

Muchas no pudieron seguir y aquella ladera se fue sembrando de ojos sedientos, de bocas hambrientas, de alas quebradas…

—¡Un último esfuerzo!

—La cima se adivina cercana.

—El sol nos da una tregua. Se esconde tras una nube que nos manda aliento en forma de airecillo fresco.

Y por fin, a pocos metros, la cima, la meta, la línea que deja atrás su antiguo mundo, la misma línea que da paso al mundo nuevo.

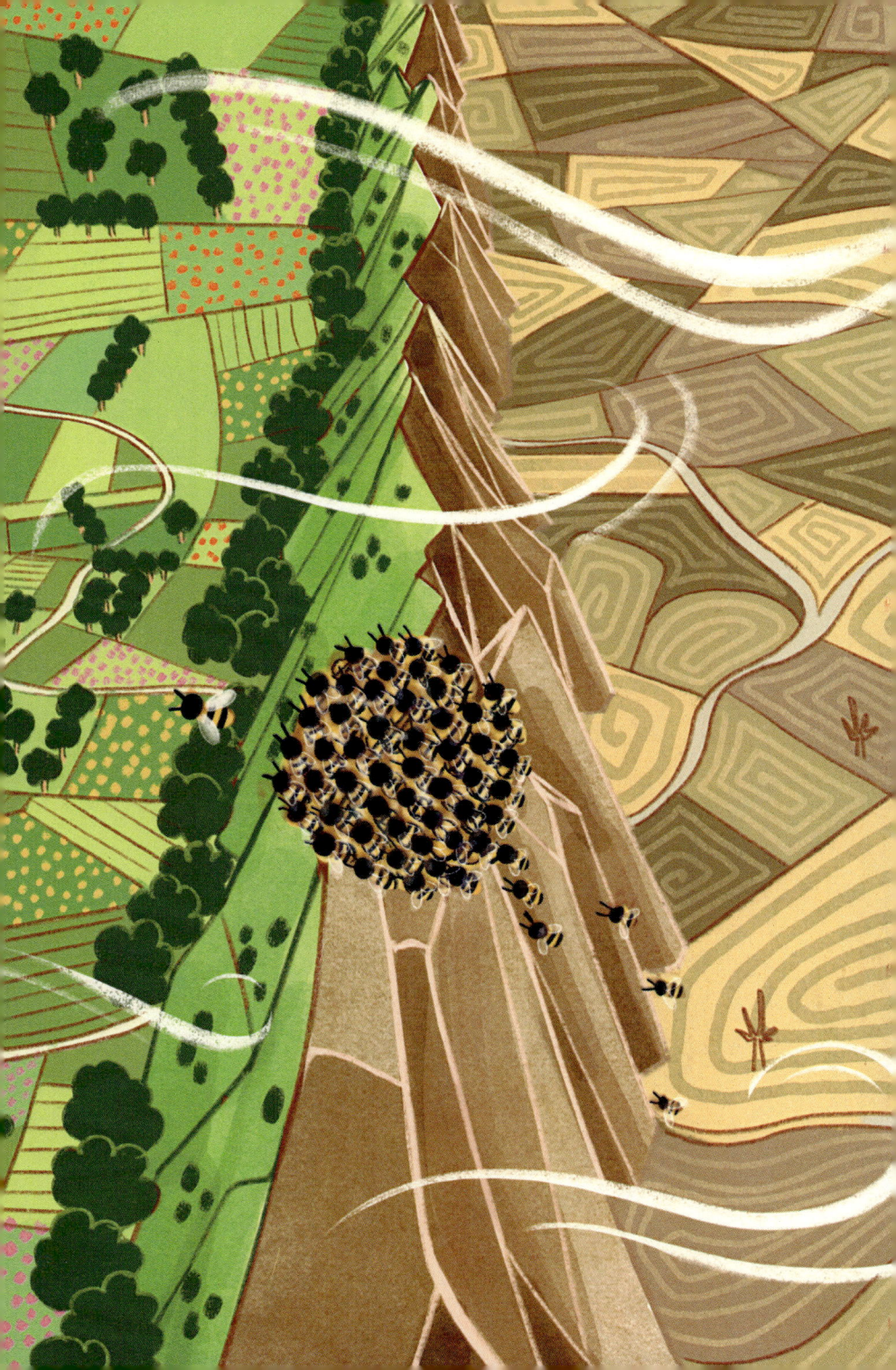

Desde lo más alto vieron allá, a lo lejos, otro mar, pero este lleno de flores amarillas, verdes, blancas y violetas.

Era aquel un lugar privilegiado desde donde podía mirarse a ambos lados de la montaña y ver, solo con girar la cabeza, dos mundos tan distintos: un campo gris a un lado y un mar multicolor al otro.

El enjambre descansó allí unos momentos y dudó:

—¿Cuánto de marrón, gris y negro habrá allá abajo escondido entre aquel arcoíris brillante?

—¡Seguro que valdría la pena cambiar su pobreza por tanta abundancia!

O tal vez, no.

Para no volverse, no quisieron seguir pensando. Cerraron los ojos y, tras libar el primer néctar de todo el día, volaron entre nubes como mares bravos de espuma, sin más rumbo que el que el aire caprichoso les marcaba, sin más timón que tratar de seguir juntas.

Allá, en lo alto de aquel mar, el frío helaba las alas de muchas.

Después llegó la lluvia, como queriendo ser una alambrada más que les cerrara el paso. Cada gota, un golpe seco. Cada gota, una herida.

Decenas de ellas caían a un pozo sin fondo. Quizás su ilusión haría brotar flores frescas allá donde sus cuerpecillos fueran a morir.

Luchaban desesperadas por conseguir una meta que empezaron a ver justo cuando el sol se resistía a esconderse como queriéndoles dar la bienvenida a aquel mundo nuevo.

Y cuando sus rayos apenas ya las rozaban, abrieron de nuevo los ojos y vieron colores nuevos: amarillo tulipán, rojo amapola, verde hierba fresca y rosa flor…

Y así, abrazadas de nuevo con esa intensidad que se abraza cuando se consigue algo muy grande todas juntas, vinieron a parar al tronco hueco de un viejo olmo que parecía la réplica de su antigua casa. Como si en medio de aquel mundo de colores, solo hubiera sitio para ellas en lo oscuro, en lo que sobra, en lo que nadie quiere…

13
MANSIÓN REGALADA

Mientras, Johna y sus compañeras esperaban, apiñadas bajo la rama de un viejo castaño, las noticias de las mensajeras.

No tuvieron tiempo de llegar. Unas manos gigantes de apicultor sabio sacudieron con fuerza la rama, y todo el enjambre cayó dentro de una colmena rústica. Cayeron todas como cuando cae una sola. Cayó la unión. Un temblor de miedo nuevo recorrió a cada abeja desde las antenas hasta las patas. La seguridad que las llevó a salir de su casa empezaba a agrietarse. Necesitaron mirar a Johna para que las grietas se cerraran.

—Dondequiera que vayamos, iremos juntas. Juntas somos fuertes. Solas no somos nada —pensaban todas a la vez mientras se apretaban con fuerza.

En aquellos momentos, Johna también sintió miedo, pero trataba de ocultarlo.

—No tengáis miedo. Empezaremos pronto una vida más sencilla. Con más aire —le decía con los ojos una de las abejas rechazadas.

—Formaremos una nueva colmena donde quepamos todas —añadía una abeja expulsada, apretando sus patas contra las de Johna.

—Y nadie sobrará. Nuestra riqueza será la diversidad —sentenció, batiendo sus alas, una de las abejas que «sobraban» en la colmena rica.

Y Johna cerró los ojos y se abrazó con mucha fuerza a sus amigas.

El apicultor mantuvo el enjambre de Johna secuestrado en la colmena rústica hasta el atardecer. Fue entonces cuando volvió a aparecer la luz, y cayeron de golpe en la que sería su nuevo hogar. Aunque ahora vivían en una casa muy parecida a la anterior, respiraban ya el aire que en la otra les faltaba. Un aire con más libertad, más ancho.

—¿Verdad que este aire se respira mejor? ¿Verdad que es más limpio, más puro y más fresco?

Todas sus hermanas asentían mientras se miraban unas a otras sin terminar de creer lo que estaban viviendo. Era como una mansión regalada. Un inmenso obsequio inesperado.

14

DANZAS DE MUERTE

Adebe y sus compañeras pasaron en silencio los primeros minutos en su nueva casa. Con sus ojos entornados, descubrieron que aquel lugar era también oscuro, que también olía a humedad y a moho. Y recordaron su viejo hogar; y pensaron en la dureza del camino que les había traído hasta allí; y se acordaron de cuántas perecieron en el intento. Y después, abrieron los ojos, llenos de lágrimas, y se asomaron muy despacio por una rendija de aquella oquedad y vieron, sin saberlo, la misma lluvia, el mismo sol, las mismas nubes y el mismo arcoíris que Johna y sus amigas. Aquello las reconfortó y les dio ánimos renovados para continuar su nueva vida.

Tardaron tiempo en aprender a vivir de nuevo.

A pesar de la abundancia de flores, solo se atrevieron a salir cuando el hambre les hizo volar. El miedo a lo desconocido y la necesidad de alimento peleaban en cruel batalla dentro de cada una de ellas. Fue Adebe la primera en surcar el aire. Lo hizo algo torpemente, como el niño que dirige por primera vez un coche nuevo. Volar, vigilar, buscar alimento, oler, descubrir tanta novedad… Demasiados botones nuevos que pulsar. El hambre marcó la prioridad.

Una amapola blanquirroja le hizo un guiño y la atrajo como un imán. Adebe llenó de polen sus cestillos, pero, cuando miró hacia atrás, se sintió observada, señalada.

—Esa abeja no es de nuestros campos.

—Huele mal.

—Huele a pobreza.

—Es oscura.

—Es extranjera.

—Nos roba lo nuestro.

—Si no la echamos de aquí, pronto vendrán más y se apoderarán de nuestras flores, de nuestros campos y hasta de nuestras casas —se dijeron entre sí unas abejas pecoreadoras de la antigua colonia de Johna.

Adebe olió peligros y casi no tuvo tiempo de meter las bolas de polen en las cavidades de sus patitas… Voló muy rápida, perseguida por cientos de aguijones afilados. Un ruido de muerte cada vez más intenso la perseguía ansioso. Volaba veloz, recordando la montaña imponente, aquel mar de nubes y aquella lluvia que logró salvar. Ya casi los gritos de aquellas abejas asesinas la envolvían cuando soltó las bolas de polen y logró, con un impulso final, aterrizar y entrar en su colmena sin ser acribillada. Dentro, interpretó danzas nuevas de peligro, de miedo y de muerte.

—No todo es abundancia en este valle. Cientos de abejas me han perseguido con aguijones como cuchillos brillantes. Es más, muchos han quedado clavados en la puerta de nuestra casa. Nos persiguen, nos vigilan. No nos quieren aquí.

Entonces, volvieron a añorar su casa de tronco hueco de árbol viejo. Después hubo otro silencio largo en la colonia. Pero aún las cosas empeorarían más.

15
ARCOÍRIS

La nueva colmena de Johna fue creciendo con rapidez y adquiriendo personalidad propia. Igual que un campo de flores es siempre distinto a otro o las nubes del cielo que hoy miras son diferentes a las del cielo que verás mañana, la colonia nueva fue adquiriendo otro run-run, otro color, otro olor e incluso produciendo distinta miel que el resto de colmenas, a pesar de estar hecha con néctar de las flores del mismo campo.

—Las abejas somos unos insectos aparentemente parecidísimos los unos a los otros. Pero si os miráis con atención —decía Johna con sus ojos a las primeras abejas que habían nacido— ninguna tenéis iguales los anillos de vuestro tórax, más anchos en unas, estrechos en otras; el marrón más amarillento en aquéllas que en éstas; el gris más negruzco en los míos que en los tuyos; el negro más grisáceo en los suyos que en los vuestros.

Mientras, las pequeñas abejas se miraban moviendo el abdomen con delicadeza.

—Cada uno de los varios miles de lentes de vuestro ojo compuesto recibe una imagen del mundo ligeramente distinta de las demás. Vuestras alas transparentes sirven todas para volar o para formar corrientes de aire cuando hace calor, pero unas son más fuertes que otras, algunas brillan al subir y otras lo hacen al bajar.

«¡Mis alas brillan más que ningunas!»,
pensaba una abejita presumida mientras las
agitaba pausadamente.

—Recogeréis el polen cada día y lo
transportaréis en vuestras patas: unas más
largas, otras más peludas, algunas más ágiles, otras torpes —les seguía diciendo Johna con baile nuevo.

Mientras la escuchaban, las abejitas hacían
movimientos de ballet con sus extremidades.

—Cada una de vosotras segregáis al exterior una sustancia química llamada fero-
mona que os impregna de un olor característico. Por él seréis distinguidas del resto
de las abejas de esta y de cualquier colmena. Las abejas somos como las flores, ninguna olemos igual. Por este olor propio,
intransferible, seréis reconocidas, queridas,
odiadas, amadas... incluso asesinadas.

—Pues yo no huelo a nada raro —decía
una abeja moviendo sus antenas pequeñas.

—Por estas y muchas cosas más que no se ven, todas somos distintas. Estas diferencias son las que nos engrandecen, las que nos enriquecen, igual que el arcoíris es tan bello y se ve tanto por tener todos los colores distintos.

Y Johna calló de repente porque recordó la voz de megáfono que había escuchado por primera vez en su anterior colmena. Aquel terrible eco que esculpía su pensamiento a golpes de palabras. Johna masticó muchas de las que venían después y las engulló; no quería grabar nada en las mentes de sus amigas.

O tal vez sí...

Llovía sobre la colmena y, a ratitos, el sol volvía para colarse como un intruso por entre dos nubes. Un arcoíris imponente pintó de colores el cielo. Johna y las pequeñas asomaron su cabecita por la piquera y vieron en un segundo el mensaje de su hermana, sin palabras, sin eco, sin megáfono: «La lluvia, el sol, las nubes, el arcoíris… ¡Tanta diferencia desprendía tanta belleza!».

16

COMO DRONES QUE DISPARAN

Cuando las abejas que persiguieron a Adebe llegaron a su colmena, comunicaron a sus compañeras cuanto habían visto. Una de ellas realizó un baile describiendo una figura en forma de ocho con un zarandeo en el centro, logrando que todas comprendieran a qué distancia y en qué dirección se encontraba el peligro. Solo faltaba organizarse para impedir que aquellas intrusas les robaran su alimento. Era necesario defender lo que siempre había sido suyo.

—Es una abeja extranjera.

—La vimos entrar en una colmena rústica que olía a moho.

—Seguro que allí viven hacinadas.

—Y sin ninguna limpieza.

—Nos transmitirán sus enfermedades.

—¡Tenemos que echarlas de nuestra tierra!

Además, todas las abejas de aquel ecosistema sabían que su población estaba en declive. Todas habían notado que cada vez menos abejas pecoreaban por aquellos campos y que, aunque el polen seguía siendo muy abundante, cada día tenían que hacer recorridos mucho más largos para buscarlo.

Y, como incendiadas por dentro por cuanto decían y escuchaban, organizaron todo para que las abejas más jóvenes y fuertes volaran al amanecer hasta aquel olmo viejo. ¡Aquellas forasteras intrusas tenían que marcharse a su campo y no invadir su propiedad!

Y allá fueron, guiadas por el odio a lo distinto, como aviones cargados de bombas; como drones que disparan. Llegaron pronto junto al olmo centenario y aterrizaron en su corteza blanquecina junto al hueco por el que la extranjera se había escondido días atrás. Escucharon, olieron, afilaron sus aguijones y esperaron a que alguna abeja extraña saliera de allí.

Pero, de forma inesperada, en aquel lugar no se escuchaba ningún runrún, ni se percibía olor a forastero. No era posible que se hubieran equivocado. Aquél era el árbol. Todas lo recordaban. La abeja más valiente decidió entrar con mucha cautela. La muerte podía estar esperándola en aquella oscuridad. Poco a poco las demás la fueron acompañando hasta descubrir atónitas que aquellas abejas extrañas se habían marchado. Allí solo permanecía un panal enmohecido y, al fondo, telas grises de arañas.

17

UNAS NOCHES BAJO UN ÁRBOL Y OTRAS ENTRE UNAS RAMAS

Las abejas, sin que nadie venga a avisarlas, perciben con tiempo el peligro y actúan para evitarlo. Esta vez, además, las habían avisado unos aguijones con filo brillante. Razón de más para que Adebe y sus compañeras volvieran a sentir la necesidad de volar de nuevo juntas, lejos de aquel olmo que, con su boca y sus brazos abiertos, había sido el primero en recibirlas en esta nueva tierra para ellas. Y de nuevo el ovillo voló; la nube negra surcó el cielo; la corriente ancha fluyó por el valle… De nuevo agarradas, con su reina en medio. Volaron todas como si volara una.

Las abejas exploradoras iban delante marcando el camino a las demás y buscando otro lugar seguro donde refugiarse del sol abrasador y del frío nocturno. Descansaron unos instantes bajo una rama fuerte de un roble. Después, continuaron su camino hasta encontrar un hueco en unas rocas de la ladera de la montaña.

Allí pasaron la noche gélida, apiñadas para darse calor y para que su ilusión, su esperanza y su confianza en la nueva vida que tenían ante ellas, no se viniera abajo.

—Hemos de ser pacientes.

—No todo puede ser malo en esta tierra nueva.

—Seguro que mañana la brisa nos guiará hasta un lugar mejor.

—¡Tengamos esperanza!

Éstas y otras frases llenas de optimismo y confianza resonaban aquella noche oscura entre las rocas frías.

Y muy temprano, con las primeras luces, Adebe y algunas compañeras salieron muy cerca de su colmena a buscar un poco de polen con el que sobrevivir, y algo de agua y néctar con los que saciar su sed, la de sus compañeras y sobre todo la de su reina.

Lo hacían sigilosas, silenciosas, evitando que el run-run de sus alas fuera oído por otras abejas y vinieran de nuevo a atacarlas. Pecoreaban como quien entra a robar en una casa y no quiere ser descubierto.

Afortunadamente, junto a las rocas donde vivían ahora crecían borrajas llenas de flores azules y violetas.

En un momento, buena parte del enjambre salió de su colonia y, movidas por el hambre y la sed, recogieron todo el polen que pudieron y aliviaron su necesidad de alimento y la de su madre.

Y así, unas noches bajo un árbol y otras entre unas ramas, fueron cambiando de casa cada poco tiempo y buscando comida aquí y allá.

Fue un atardecer, ya casi oscuro, cuando el enjambre colgaba como una piña de una rama alta de un abedul. Allí, parecían a salvo de cualquier peligro. Todo sucedió muy rápido. Casi no hubo tiempo de que las abejas guardianas avisaran a sus compañeras del peligro que se aproximaba.

El caso fue que, de nuevo, la inquietud, el desasosiego y el miedo a lo desconocido se apoderó de todas ellas. Un ruido misterioso se acercaba veloz, envuelto en un enigmático aire que hizo desaparecer en un segundo a las abejas vigilantes. Aquello era el final.

O tal vez no…

18

LA VIDA SE TAMBALEA

Una mañana nueva, envuelta aún en sábana de rocío, Johna salió a alimentarse de brisa fresca. Se posó en la rama más alta de un eucalipto y desde allí vio cómo el paraíso donde vivía iba cambiando: el sol cada vez alumbraba con más fuerza aquellos campos. Cada vez abundaban menos las mañanas frescas como aquella. El agua, que antes se encontraba por doquier, ahora era cada vez un tesoro más escaso. Y muchos campos de flores habían sido sustituidos poco a poco por grandes plantaciones agrícolas que les robaban su alimento. Además, ya no veía junto a ella tantas abejas como antes. El aire le había traído noticias de plagas peligrosas que destruían la vida en las colmenas, pero Johna no creyó esta vez al aire mentiroso y voló silenciosa dejando que la brisa limpiara de su cabecita aquellos pensamientos.

Se paró a libar el néctar de unas lavandas y, de pronto, vio a unas cuantas abejas que formaban un círculo en la tierra rodeando a una de ellas que se movía en el centro e impresionaba a las demás con sus bailes. Pronto se dio cuenta de que eran hermanas de su antigua colmena, pero calló y escuchó escondida lo que decían.

—¡Estamos perdidas! En nuestra colmena han entrado esos ácaros horribles. Los he visto posados sobre abejas muertas a la entrada de nuestra colmena.

Y, lo peor de todo: ¡están también dentro de las celdillas de cría! —decía aquella abeja describiendo figuras geométricas y emitiendo pequeños ruidos con sus aleteos.

—¡Acabarán con nosotras! ¡Será nuestro final! —decían entre sollozos.

—Dicen que han sido unas abejas oscuras las que han traído la enfermedad —se atrevió a afirmar una de ellas realizando carreras y giros en bucle.

—¡Varias colmenas vecinas han desaparecido!

—Por el camino hemos visto a muchas compañeras enfermas.

—Dicen también que los hombres riegan estas nuevas plantaciones de productos tóxicos para nosotras —les anunciaba moviendo sus patas una abeja jovencita.

Johna no pudo aguantar más tiempo escuchando tantas noticias horribles. Cada movimiento de aquellas abejas entraba en su cabecita como un pinchazo fino que recorría todo su cuerpo. Esta vez, no le quedó más remedio que creer al viento que antes le había hablado de lo mismo que ahora escuchaba. Y también ella se puso triste. Miró aquellos campos y pensó qué sería de ellos sin las abejas. Los colores azules, amarillos, rojos y violetas de las flores se irían apagando como cuando se hace de noche…

Y no quiso seguir allí parada ni un segundo más. Ella siempre había sido una abeja feliz y optimista. Todo mejoraría.

O tal vez no…

De vuelta a casa, Johna percibió en el ambiente que algo malo sucedía: su reina empezaba a enfermar de vejez y apenas había puesto la mitad de los huevos que tanto se necesitaban para que su nueva colmena creciera vigorosa. Entre ellas comenzaba a percibirse una excitación inusual. Había que tomar pronto la decisión de cambiar a su reina. Johna apenas descansó en aquella noche clara. En su cerebro, del tamaño de un grano de sal, el brillo de su reina se mezclaba con los bailes de sus antiguas hermanas.

19

EL PREMIO A LA VALENTÍA

Aquel ruido desconocido venía acompañado de un aire extraño y tenebroso que, de pronto, las fue absorbiendo a todas para introducirlas en un túnel oscuro por el que resbalaban igual que lo hacen los niños al caer por un gran tobogán. Las abejas aleteaban asustadísimas, se volteaban y rodaban unas por encima de otras al bajar por aquella galería lóbrega. A veces, percibían por el camino pequeños trozos de alas, de antenas o de patas de sus hermanas dañadas por aquel descenso vertiginoso. Y en un instante, todas cayeron en un gran cajón. El ruido cesó. El aire se calmó de súbito y un silencio tenso, como cuando esperas con los ojos cerrados que algo explote, lo envolvió todo.

Adebe y sus amigas fueron abriendo muy despacio sus ojos, desplegando sus antenitas y estirando sus patas. Se miraban unas a otras con incredulidad. ¡La inmensa mayoría de ellas estaban vivas! Parecía que aquello no era un lugar más para refugiarse; no era una cárcel con barrotes, ni un campo de refugiados, ni una jaula, ni una prisión flotante…

Y, poco a poco, haces muy tenues de luz se fueron colando por alguna rendija y les fueron iluminando algunos rincones de aquel extraño sitio. Aquellas abejas, por primera vez percibieron el olor a nuevo, a limpio. Llegó a sus antenas también un olor conocido de color blanquiamarillo. Y descubrieron entusiasmadas cuadros de madera llenos de cera estampada que las llamaban con fuerza para que corrieran a construir celdillas. Primero, probaron con miedo y precaución, pero pronto empezaron a sentirse más seguras y moldearon con maestría perfectas celdillas hexagonales.

Una sensación de bienestar se iba apoderando de aquellas obreras y de su reina. Pero aquello no era todo. Un poco más abajo, unas abejas nodrizas descubrieron un cuadro con cría. Y otras, vieron sorprendidas ¡un almacén lleno de polen!

¡Aquello no podían creerlo! Eran demasiados regalos juntos en un lugar tan pequeño. Adebe y sus hermanas estaban acostumbradas solo al sufrimiento, a soportar el dolor, la escasez, la pobreza, el trabajo duro… Y ahora, de repente, parecía querer acompañarlas una milagrosa sensación de alegría, una sensación de comodidad, incluso de abundancia y de algunas de las cosas que habían imaginado en sus sueños durante tanto tiempo.

—¿Sería aquella su nueva casa?

—¿Quizás empezarían a tener muy cerca el premio a su atrevimiento, a su valentía?

Aún se negaban a confirmar que aquellas sensaciones fueran ciertas. En aquel mundo nuevo, todo podía cambiar en un segundo. Tardarían tiempo en asimilar que aquel palacio fuera su casa, pero una pizca de ilusión empezaba a aparecer en sus ojos tiernos.

20
BRILLO AMARILLO, BAÑADO EN PERFUME DE FLOR

Había llovido por la noche y, cuando Johna salió de su colmena aquella mañana, el campo olía a tomillo y a romero. Pero quizás fue el aroma que exhalaban los pétalos de una flor de rosal lo que embriagó a Johna y le hizo posarse en una de sus hojas. Fue allí donde el viento le trajo un zumbido distinto. De un salto, se asomó sigilosa y descubrió algo que buscaba además de la brisa: una abeja nueva recogía el polen de una manera distinta. Desprendía un olor diferente, quizás de miedo, de ansiedad... Cargaba todo cuanto podía. Casi estuvo a punto de avisarla de que el peso del polen no la dejaría volar (como le sucedió a ella), pero, cuando quiso hacerlo, aquella abeja misteriosa voló con una energía desconocida. Jamás había visto transportar tanto polen en un solo viaje. Ni tampoco cogerlo con tanta rapidez. Quiso seguirla cuando se fue, pero Adebe desapareció rauda entre aquel mar de flores y Johna se quedó sola, esperando, quizás embriagada ahora por el olor que aquella abeja había esparcido por el campo.

No pasó mucho tiempo hasta que, de nuevo, aquel insecto diferente volvió al mismo lugar y esta vez, Johna no pudo resistirse ni un segundo más:

—¿Puedo ayudarte? —le dijo con aleteos tímidos y suaves.

La abeja distinta hizo ademán de emprender el vuelo pero, esta vez, era tal el peso del polen que quería transportar, que le impidió huir. Tuvo suerte de que Johna no viniera con navajas plateadas.

—No tengas miedo, a mí también me pasó. Entonces me hubiera gustado tener a alguien que me ayudara. Hoy me tienes aquí a mí para hacerlo, si quieres... Me llamo Johna y vivo aquí al lado, en la colmena nueva. Tú, ¿quién eres? Confía en mí, quiero ayudarte.

—Yo soy Adebe. Vengo de muy lejos —musitó, moviendo sus patas de forma tímida y desconfiada, a la vez que se descargaba de algunos granitos de polen. Johna se acercó despacio y, muy suavemente, barrió con los cepillos de sus patas el polen que le sobraba a Adebe.

—¿Por qué recoges el polen tan temprano?

—¡Lo recojo cuando no hay abejas que quieran matarme! Mi enjambre y yo venimos de un mundo en el que falta el alimento. Aquí sobra, ¡pero morimos de hambre porque no nos dejan recogerlo! ¡Cientos de aguijones brillantes rodean cada día nuestra colmena cuando sale el sol! —la rabia se le escapaba a Adebe por la boca—. Nuestra reina se nos muere de hambre y necesitamos alimentarla para que todas sobrevivamos. ¡Tenemos derecho a vivir! —gritó desesperada mientras alzaba su vuelo. Y su grito se fue desparramando por todo el valle.

Johna llenó de polen sus cestillos y la siguió. Mientras volaba, las palabras de Adebe retumbaban en su cabeza y un escalofrío grande recorría su cuerpo. Aquella abeja realmente era diferente.

Siempre había soñado con encontrar a alguien así. Sentía que tenía ante sí una gran oportunidad que no podía desaprovechar. Como si la brisa la empujara tras ella. Era una gran puerta que se abría invi-

tándola a pasar a un lugar que nunca había visto realmente, pero con el que había soñado muchas noches. Juntas aterrizaron en la colmena de Adebe.

Quizás la pequeña piquera fuera la gran puerta.

O tal vez no…

Johna sabía que entrando en una colmena extraña corría el riesgo de ser devorada por sus habitantes.

21
LA INVASIÓN

Mientras Johna vivía aquel encuentro inesperado, llegó de pronto a su colmena un grupo numeroso de abejas de su antigua colonia y rodearon la piquera, esperando a que las obreras comenzaran a salir con el sol de la mañana. Buscaban colmenas con abejas extranjeras para eliminarlas, creyéndolas causantes de las plagas que destruían sus hogares. Así, cuando el primer grupo de hermanas de Johna sacó su cabecita por la piquera, unos aguijones amenazantes les hicieron retroceder de inmediato. Pero el color y, sobre todo, el olor que desprendían aquellas obreras que habían asomado, les hizo ver a las otras que no eran forasteras, así que iniciaron un baile para informarles de la situación y sembrar más odio:

—Cientos de colmenas de todo el valle empiezan a padecer terribles plagas que acabarán con todas nosotras.

—Son plagas que han traído unas abejas forasteras que han venido del otro lado de las montañas.

—Si no acabamos pronto con ellas, se multiplicarán y todas nosotras, las de aquí desde siempre, veremos desaparecer nuestros hogares.

—Además, son abejas ladronas, roban y atacan sin avisar.

—No respetan nuestra forma de pecorear. Cargan sus cestillos de una forma exagerada. Acabarán con nuestras flores.

No habrá polen para alimentarnos a todas. Ni colmenas donde vivir. Y las flores son nuestras. Están en nuestro territorio y no les pertenecen. Ellas tendrán sus flores allá de donde vengan. ¡Que se alimenten de ellas! Y si no las tienen… no es problema nuestro…

—En el valle, nos estamos uniendo para buscarlas y acabar con ellas.

—Vigilaremos de cerca la cima de la montaña para eliminar a todas las que crucen del otro lado.

—¡No podemos quedarnos de brazos cruzados! ¡Es una invasión de nuestros campos!

De nuevo, el gran megáfono sonaba frente a la piquera de la colmena de Johna. Pero nadie respondió. Nadie salió de aquella colmena. Aquellas abejas estaban preparándose para sustituir a su reina, y todo lo que les decían las de fuera era como lluvia fina que caía, pero no calaba por dentro. Así que, tras un silencio tenso, la llovizna cesó y el eco del megáfono fue apagándose mientras aquellas abejas amenazantes abandonaban la colmena de mal humor, refunfuñando bailes de fastidio.

22
UN PUNTITO DE ESPERANZA

Fue Adebe quien la invitó a entrar en su colonia. Fue un acto de infinita generosidad: abrir las puertas de casa a una igual que aquellas que le impedían salir cada día para buscar la comida necesaria para vivir.

—Entra, nuestra casa es tuya. Estamos aquí gracias al viento que nos guio; empujadas por la ilusión que nos hizo volar y, quizás, por culpa del azar.

Johna tuvo que hacer grandes esfuerzos para que las compañeras de Adebe no notaran la extrañeza que sintió al ver una colmena tan vacía de abejas, de miel y de polen.

—Venimos de un mundo donde la necesidad es tan grande como aquí lo es la abundancia. Pero, ahora que la riqueza nos rodea, la desgracia nos envuelve. Si nuestra reina muere, con ella moriremos todas por falta del alimento que tus iguales nos niegan.

Varias abejas rodeaban poco a poco a Johna y Adebe. Aquella abeja era una intrusa, ya lo habían notado. Las feromonas que despedía estaban impregnando el ambiente de la colmena de un olor característico: el que despide alguien que percibe por primera vez una realidad tan dura, tan distinta a la del mundo en el que se había criado desde pequeña. Johna, envuelta ya por el resplandor de los aguijones, trató de rebuscar en su interior y sacar de dentro todo aquello que había pensado y casi nunca había dicho. Cuando lo encontró, habló, bailó:

—Igual que os confunden con ladrones los que cada día os impiden salir a comer, vosotras me confundís con ellos. Del mismo modo que sacan su aguijón cada mañana para defender un polen que no es suyo, vosotras sacáis ahora los vuestros para defender una colmena que tampoco os pertenece. Sería terrible que alguien fuese el dueño del aire y que lo vendiese a su antojo. Igual lo es que alguien sea el dueño de las flores, de los árboles, de los campos o de las colmenas.

Fue entonces cuando las feromonas de Johna cambiaron el olor que emitían y las demás dejaron de percibirla como a una intrusa. Los aguijones perdieron su brillo y toda la colmena se impregnó de aquella idea: «Sería terrible que alguien fuese el

dueño del aire y lo vendiese...». Johna sintió como suya aquella pobreza; sintió suya aquella reina moribunda de hambre y de sed. Y Adebe y sus amigas percibieron en Johna un puntito de esperanza en aquel mundo nuevo.

23
NADIE EN EL CAMPO ES EXTRANJERO

Al salir de la colmena de Adebe, a Johna la deslumbraron los aguijones de «sus iguales». Fue de nuevo su olor a compatriota lo que la salvó de una muerte segura. Varias abejas, tras reconocerla, le gritaron:

—¿Qué haces tú en la colmena de esos extranjeros ladrones?

Johna volvió a sacar su respuesta desde muy dentro:

—Nadie en el campo es extranjero. Y nadie que pecorea para sobrevivir es ladrón.

Se hizo un segundo el silencio pero, pronto, otras volvieron a gritar:

—¡Nos roban el polen y el néctar que es nuestro!

—¡Si les dejamos vivir aquí, después vendrán manadas de enjambres y nos echarán a todas de los campos ricos en los que siempre hemos vivido!

Johna, con voz pausada, replicaba:

—El polen y el néctar solo es de las flores. No tiene dueño. Cada abeja liba el néctar de la flor que se le antoja. No pide permiso a nadie. ¿Acaso ahora son vuestras las flores? ¿Acaso podréis impedir que manadas de enjambres vuelen libres buscando casa y comida? ¡No podréis poner vallas en las flores! ¡Ni puertas cerradas en los montes!

Ahora, el silencio duró un poco más.

Y justo cuando aquellas abejas empezaban a perder la paciencia y decidían pasar de las palabras a la violencia, empezó a percibirse un ruido ensordecedor que poco a poco se fue acercando hasta aterrizar encima de aquella colmena como cuando lo hace un helicóptero de guerra. Era una reina de abejorro de cola blanca y bandas entre marrones y amarillas que, desde lo alto de la colmena, exploraba el jardín del apicultor en busca de un rincón oscuro en el suelo: un túnel abandonado de roedor, de topo o de conejo. Aquel ruido estruendoso espantó con sus aleteos a las abejas guerreras que huyeron despavoridas. Y, mientras volaban de vuelta a su colonia, algunas pensaban que aquel ser monstruoso quizás hubiera llegado también del otro lado de la montaña y fuera un invasor más de su territorio. Otras pocas seguían escuchando los ecos de las palabras de Johna: «¡No podréis poner vallas en las flores!», «¡Ni puertas cerradas en los montes!». Y las demás callaban y pensaban.

Mientras tanto, el abejorro seguía allí, buscando una cavidad para su nueva casa y, en la colmena de Adebe, el silencio tenso y la incertidumbre por el miedo a aquel ser desconocido, seguían latentes. De pronto, volvió el aleteo atronador y aquel ser amarillo, negro y marrón arrancó su vuelo y fue a posarse en un agujerillo del suelo que parecía la antigua vivienda de un pájaro y que tenía el aislamiento que el ruidoso visitante necesitaba; plumas, pelo, musgo y hierba seca.

Al momento, Johna y Adebe asomaron sus ojitos curiosos por la puertecita de su colmena y observaron a aquel gigante que, quizás como habían hecho Adebe y sus hermanas, andaba peregrinando en busca de un nuevo hogar y de una nueva vida. Y la piquera de aquella colonia se fue llenando de ojitos que observaban en silencio.

Aquella calma, la rompió Johna que se abrió paso y voló apresurada hacia su colmena. Algo misterioso parecía haber ejercido sobre ella un efecto imán desde su hogar; una atracción que le hizo volar muy veloz. Su reina estaba también a punto de morir.

24
PRIMER VUELO NUPCIAL

Y cuando Johna se fue, toda la colmena de Adebe recordó la conversación que aquella tuvo con sus antiguas hermanas. Y su mensaje les dejó un poso imborrable. No estaban solas. Había alguna abeja en aquel valle que las entendía, las defendía. No todo estaba en su contra.

Pero justo en aquel mismo instante, las feromonas de reina que las habían unido a todas durante aquel viaje valiente, dejaban poco a poco de percibirse en la colmena.

Y aquellos pequeños insectos se sintieron desorientados y huérfanos durante unos instantes. Pero la lucha por la vida no deja tiempo a las lágrimas y, sin perder un segundo, empezaron a construir unas celdillas especiales donde alimentar a las nuevas larvas de reina con una sustancia muy nutritiva, de un suave color amarillo y sabor ácido. Un alimento que surgía de la cabeza de las abejas más jóvenes de aquella colmena y se juntaba con sus secreciones estomacales. Era jalea real. Tal vez tuviera carencia de las proteínas y vitaminas necesarias, pero estas eran suplidas por la abundancia de ilusión por vivir. Quizás, los bailes de las abejas amenazantes y hostiles también lo habían oído las pequeñas reinas que, justo unos días después, empezaban a agujerear la tapa de sus celdillas y a asomar su cabecita a una vida nueva. Pero... solo una podía ser reina. Pronto sacaron sus estiletes reales y entablaron entre ellas una lucha feroz por sobrevivir de la que solo una salió victoriosa. El caso fue que muy pronto, una nueva reina dio energías renovadas a aquella colonia. Era como cuando amanece un día azul deslumbrante después de semanas de nubes, sin sol. Fue como cuando sale el arcoíris.

Y a los pocos días, envuelta en un velo de esperanza, realizó su vuelo nupcial. La salida de aquella reina de su colmena, en el que sería su primer y único viaje por el aire, ejerció en aquel valle un efecto llamada desconocido hasta entonces. Esbelta, brillante y coqueta surcaba el cielo irradiando belleza.

Muchos zánganos nublaban el sol mientras la perseguían, cual cola de cometa, ansiosos de ser los primeros en fecundarla. Un ruido redondo y marrón volaba con ellos. Mientras la joven reina besaba al viento, ágil y ligera, los rechonchos varones luchaban contra él en un ascenso largo y duro. Solo los más fuertes consiguieron su objetivo: en pleno vuelo, el primero de ellos fecundó vencedor a la reina y después murió al desgarrarse su abdomen. El siguiente zángano liberó a la reina de los restos de su hermano, la fecundó de nuevo y también murió. Hasta diez zánganos repitieron aquella ceremonia surcando el cielo azul y llenaron de espermatozoides la «espermateca» de la nueva y pequeña monarca. Después, la nube de zánganos desapareció y el sol volvió a brillar. La brisa volvió a oírse, fresca y serena en el valle. Y aquella nueva madre volvió a entrar en su casa llena de vidas que ya no serían tan extranjeras como sus compañeras de colonia.

O tal vez sí…

25
TOLERANCIA Y SOLIDARIDAD

Quizás el viento charlatán o tal vez la luna, que ya asomaba blanquecina, fueran quienes habían alertado a las hermanas de Johna de cuanto había ocurrido. El caso fue que, como si se tratase de verdadera telepatía, cuando ella llegó, todo estaba preparado en su colmena para enjambrar de nuevo: exactamente el mismo pensamiento que la había acompañado durante su vuelo de regreso. Justo aquel era el imán que la atraía. Fue una noche larga de incertidumbre, salpicada de luces fugaces de esperanza y plagada de estrellas de ilusión.

Y pronto, un grupo de mensajeras volaron de la colmena de Johna para buscar el destino, el nuevo hogar. Fue por culpa de una brisa fresca y suave que pronto percibieron que cerca de allí existía un lugar ancho y ansioso de ser compartido. Pero estaba habitado por unas abejas distintas y aquello les impedía explorar aquel sitio misterioso.

Fue Adebe quien las descubrió explorando cerca de su colmena y también quien percibió feromonas muy parecidas a las de Johna, lo cual la tranquilizó y la animó a comunicarse con ellas:

—Nuestra casa está abierta para vosotras. No tiene puertas cerradas ni alambradas. Si lo necesitáis, podéis pasar.

Aquellas mensajeras no podían creer lo que oían.

—Nuestra casa es ahora amplia, extensa, espaciosa. Tenemos sitio para vosotras y para vuestras hermanas. Nuestro hogar es también vuestro.

Y no hubo más bailes. Solo ojos de alegría, agradecimiento y gratitud. El amanecer llegó poco antes que las últimas mensajeras que traían en sus bailes el destino de aquel enjambre preñado de coraje. «Adebe y sus hermanas, habían aceptado que su casa fuera también la casa de Johna y las suyas.»

Así, unidas no solo interiormente sino también físicamente, volaron juntas y esperanzadas, envolviendo a la vieja madre, que las abandonaría al llegar. Apenas hubo tiempo de llantos de despedida. Aquella mamá moría con la tranquilidad de quien deja a sus hijas en buenas manos.

Y, en un suspiro, un nuevo ovillo de abejas llenó el espacio vacío de la colmena de Adebe. La necesidad de vivir juntas borró el olor a extranjera que aquella colmena desprendía, o quizás fue el ansia por vivir de las hermanas de Johna el que hizo que sus antenas no percibieran nunca más aquella sensación terrible. Y siendo hijas de distinta madre, se sintieron hermanas unas de otras. Y juntas hicieron que aquella colmena pronto creciera como la espuma y se percibiera en ella un runrún especial: el runrún de la alegría; el de la ilusión por vivir una vida diferente; el zumbido de la esperanza.

Y una mañana, cuando Adebe despertó, recordó el sueño que había tenido aquella noche en medio de tantas celdillas repletas de miel, tantos almacenes de polen, tanta cría y tanta vida a su alrededor. Un sueño que le hizo volar con aquella colmena a cuestas hasta el otro lado de la montaña para que las hermanas suyas que allí quedaron pudieran saciar su hambre y su sed.

Fue así como Johna y Adebe, procediendo de mundos tan distintos, compartieron el mismo techo, pecorearon en las mismas flores, comieron el mismo polen, bebieron del mismo néctar, alimentaron a la misma madre, compartieron la misma vida...

Y de las mismas cunitas en las que aquella reina joven había puesto sus primeros huevos, nacieron dos abejitas únicas: TOLERANCIA Y SOLIDARIDAD. Y cuando volaron, los aguijones amenazantes desaparecieron y se instaló en el valle una moda nueva: el gusto por todo aquello que fuera distinto, diferente. Y creció entre ellas el aprecio por la diversidad natural de aquella colonia y de todas las del valle, pues muchas tenían distintos aspectos, formas diferentes de recoger el néctar y el polen de las flores, modos peculiares de polinizar, e incluso de comunicarse y de comportarse... y siempre respetaban el derecho de todas a ser como eran.

—Entonces, ¿tenemos que tolerarlo todo? —preguntaba una abejita que quería aprender aquella moda.

Y la pequeña Tolerancia siempre decía:

—Una vieja abeja, llamada Johna, siempre me dijo que mi nombre también significaba que ninguna abeja tenía derecho a imponer sus costumbres, su forma de volar o de vivir a las demás, aunque dudaba de que ella también lo hubiera hecho alguna vez... Y repetía siempre que no debíamos tolerar la injusticia.

Por eso, ninguna abeja de aquella colmena hablaba con megáfono.

—A mí me gustaban mucho las historias que nos contaba la ancianita Adebe sobre la unidad, la interdependencia y el apoyo mutuo de aquel enjambre que vino del otro lado de la montaña —decía a sus hermanitas la pequeña Solidaridad.

Y su historia quedó grabada para siempre en cada uno de los rincones de aquella colmena y en los corazones de todas cuantas la habitaban.

Cuentan los apicultores de entonces que las plagas nunca invadieron aquella colmena ni tampoco a las que de ella surgieron. Y la población de abejas se fue recuperando del declive que padecía y mejoró también la polinización de las plantas del lugar. Y aquellos campos explotaron de nuevo en colores, como los fuegos artificiales, y llegaron tan alto que atravesaron las montañas y sembraron de color también la otra ladera. Dicen que, por entonces, los hombres construyeron grandes túneles que comunicaron un lado y el otro de las montañas y que por ellos volaron millones de abejas hacia un mundo ya más ancho y común. Cuentan también que la miel de aquella colmena prevenía contra enfermedades y plagas como la intolerancia, el racismo y la xenofobia para las cuales no existía vacuna.

O tal vez sí...

PERSONAS COMO ABEJITAS

¿*S*abéis por qué os cuento esta historia? Lo hago porque quizás fue la primera vez que dos enjambres de tan distinta procedencia decidieron vivir juntos. Como podréis imaginar, si un enjambre pretende entrar en una colmena habitada, las abejas que allí viven tratan de eliminar inmediatamente a las intrusas.

Cada día llegan también a nuestros pueblos, a nuestros barrios y a nuestras aulas, personas que buscan una vida nueva, como Adebe. ¿Alguna vez has intentado comprender y compartir los sentimientos con estas personas? ¿Cómo son recibidas en tu entorno?

He querido que sean las abejas las protagonistas de esta historia por ser esenciales para la conservación de nuestro planeta. ¿Recuerdas la importancia de la polinización? ¿De qué forma estás tú comprometido/a en la lucha por conservar la biodiversidad, para que el aire siga siendo puro, el agua cristalina, los bosques frondosos y el suelo fértil? Tu trabajo de abejita es fundamental.